BEI GRIN MACHT SICH IHR WISSEN BEZAHLT

- Wir veröffentlichen Ihre Hausarbeit, Bachelor- und Masterarbeit
- Ihr eigenes eBook und Buch - weltweit in allen wichtigen Shops
- Verdienen Sie an jedem Verkauf

Jetzt bei www.GRIN.com hochladen und kostenlos publizieren

Bibliografische Information der Deutschen Nationalbibliothek:

Die Deutsche Bibliothek verzeichnet diese Publikation in der Deutschen Nationalbibliografie; detaillierte bibliografische Daten sind im Internet über http://dnb.d-nb.de/ abrufbar.

Dieses Werk sowie alle darin enthaltenen einzelnen Beiträge und Abbildungen sind urheberrechtlich geschützt. Jede Verwertung, die nicht ausdrücklich vom Urheberrechtsschutz zugelassen ist, bedarf der vorherigen Zustimmung des Verlages. Das gilt insbesondere für Vervielfältigungen, Bearbeitungen, Übersetzungen, Mikroverfilmungen, Auswertungen durch Datenbanken und für die Einspeicherung und Verarbeitung in elektronische Systeme. Alle Rechte, auch die des auszugsweisen Nachdrucks, der fotomechanischen Wiedergabe (einschließlich Mikrokopie) sowie der Auswertung durch Datenbanken oder ähnliche Einrichtungen, vorbehalten.

Impressum:

Copyright © 2018 GRIN Verlag
Druck und Bindung: Books on Demand GmbH, Norderstedt Germany
ISBN: 9783668767591

Dieses Buch bei GRIN:

https://www.grin.com/document/436414

Anna Kuhlmann

Englischförderung in der Vor- und Grundschule in Deutschland und England, Fremsprachenlegasthenie und die Wahl der zweiten Fremdsprache

Fallbeispiel und Trainingsstunden mit den Schwerpunkten Rechtschreibung, Textproduktion und Leseförderung

GRIN Verlag

GRIN - Your knowledge has value

Der GRIN Verlag publiziert seit 1998 wissenschaftliche Arbeiten von Studenten, Hochschullehrern und anderen Akademikern als eBook und gedrucktes Buch. Die Verlagswebsite www.grin.com ist die ideale Plattform zur Veröffentlichung von Hausarbeiten, Abschlussarbeiten, wissenschaftlichen Aufsätzen, Dissertationen und Fachbüchern.

Besuchen Sie uns im Internet:

http://www.grin.com/

http://www.facebook.com/grincom

http://www.twitter.com/grin_com

Lerncoaching: Englischförderung – Lösungen der Aufgabe 1-4

zu Aufgabe 1 - Fremdsprachenlegasthenie

In der Englischförderung kann man nicht von einer „spezifischen Fremdsprachenlegasthenie" sprechen, da es diese nicht gibt.

Zu erklären ist dies einerseits dadurch, dass die auftretenden Probleme bei z.b. der Graphem-Phonem-Korrespondenz sich nicht grundlegend von denen unterscheiden, die im Deutschen, also der Muttersprache, auftreten. Hat ein Kind z.b. aufgrund von mangelhaftem Schriftsprachunterricht in der Grundschule bereits im Deutschen Probleme damit, den gesprochenen Lauten die korrekten Grapheme zuzuordnen oder umgekehrt, so verschwindet diese Schwierigkeit vor allem bei einer unsystematischen Einführung der divergierenden Graphem-Phonem-Korrespondenz und Orthographie im Englischen nicht einfach beim Erlernen dieser Sprache, sondern bleibt vorhanden, auch wenn dies z.b. aufgrund des zunächst nur begrenzten Wortschatzes nicht direkt offenkundig ist. Daher sollte einer Englischförderung zunächst eine standardisierte Diagnostik der orthographischen Kompetenzen in Bezug auf die deutsche Sprache vorausgehen, da LRS-betroffene Kinder häufig Kompensationsstrategien entwickeln, so dass einer entsprechende Schwäche erst bei Erwerb einer Fremdsprache sichtbar wird, wenn solche Strategien individuelle Schwierigkeiten (wie z.B. die Formulierung zumeist parataktischer Sätze mit einfachem Vokabular) bei der sukzessiv steigenden Komplexität an Anforderungen und zu schreibenden Texten nicht mehr verbergen können.

Andererseits kann man darüber hinaus aufgrund der Sprachlernneigung nicht von einer „spezifischen Fremdsprachlegasthenie" sprechen, was bedeutet, dass jeder Mensch neben äußeren Faktoren beim Spracherwerb der Mutter- oder einer Fremdsprache über gewisse Fähigkeiten und Kompetenzen z.B. im Bereich des phonologischen oder morphologischen Bewusstseins verfügt, mit Hilfe derer er/sie eine Sprache erlernt. Sind solche Kompetenzen wie bspw. bei einer Lese-Rechtschreibstörung nicht vorhanden, so kann sich dies sowohl negativ auf den Erwerb der Muttersprache als auch auf das Erlernen einer Fremdsprache auswirken, so dass man nicht von einer fremdsprachenspezifischen Legasthenie sprechen kann, sondern von einer allgemeinsprachlichen Legasthenie mit zusätzlichen negativen Auswirkungen auf die zu lernende Fremdsprache.

Insgesamt führt vor allem die von Deutschen abweichende und im Englischen komplexere Graphem-Phonem-Korrespondenz bei einigen Schülern zu Schwierigkeiten und Problemen im Bereich des Lesen und der Rechtschreibung, doch wird diese im Sprachunterricht intensiv behandelt und systematisch eingeführt, kann dies dazu beitragen, Fehler zu verringern und vor allem LRS-Betroffene zu fördern.

zu Aufgabe 2 – Englischförderung in der Vor- und Grundschule in England und Deutschland im Vergleich

Dass im englischsprachigen Raum bereits in der Vor- und Grundschule auf spielerische Art die Graphem-Phonem-Korrespondenz vermittelt wird, liegt daran, dass bei englischen Muttersprachlern oft ein höherer Anteil an lese-rechtschreibschwachen Kindern gemessen wird und man daher bereits früh darum bemüht ist, den Erstspracherwerb, also das unbewusste, ungesteuerte weitestgehend automatisiert ablaufende Prozess durch Nachahmung und Feedback, bestmöglich zu unterstützen, da ein gut ausgebildetes phonologisches Bewusstsein bei der Alphabetisierung der Muttersprache unverzichtbar ist. Zu erklären ist die hohe Zahl an leserechtschreibschwachen englischsprachigen Kindern mit der Aussprachverschiebung (Great Vowel Shift) zwischen 1500 und 1700, die dazu führte, dass Langvokale und Diphthonge trotz gleichbleibender Rechtschreibung nun anders ausgesprochen wurden und bis heute werden. Obgleich das Deutschen im Vergleich zum Englischen nur über einige Phoneme weniger verfügt, so ist die Graphem-Phonem-Korrespondenz im Englischen deutlich schwieriger und uneindeutiger, da es im Englischen um eine Vielfältiges mehr Aussprachevarianten gibt, was aufgrund der geringen Lauttreue vor allem bei Vokalen zu erheblichen Schwierigkeiten führen (z.B. wird der Laut /i/ in den Wörtern dr**ea**m, q**ue**en oder k**ey** unterschiedlich verschriftlicht) und sich auch auf das Lesen und Schreiben negativ auswirken kann (z.B. schreibt man immer den Buchstaben a, doch spricht man ihn z.B. in can = ä, can't = a oder hate = äi). Erschwerend kommt vor allem für nichtenglischsprachige Englischlerner im Bereich der Phonetik hinzu, dass das Englische über Laute verfügt, die es z.B. im Deutschen gar nicht gibt (z.B. th) und gerade am Ende eines Wortes präzise artikuliert und gehört werden muss, um Differenzierungen wahrzunehmen (z.B. bei den Vokabeln feet = Fuß, feed = füttern). In Bezug auf die Orthographie sind für deutsche Englischlerner stumme Vokale am Wortende (z.B. hate), die vom Deutschen abweichende Aussprache von Lehnwörtern und die zuvor skizzierte komplexe Schreibung von Langvokalen und Diphthongen eine große Herausforderung, der sich erst nach einem abgeschlossenen Schriftspracherwerb der Erstsprache zu Beginn der Sekundarstufe gewidmet werden sollte.

Auch in Deutschland wird der Erstspracherwerb des Deutschen in der Vor- und Grundschule dementsprechend spielerisch unterstützt, doch ist es nur teilweise sinnvoll, dieses Konzept auf den Zweitspracherwerb von deutschen Englischlernern zu übertragen und man sollte dabei vor allem zwischen Englisch(anfangs)unterricht und Englischförderung differenzieren.

Das zuvor vorgestellte Vorgehen auf den Anfangsunterricht oder auf die Englischförderung von jungen Schüler/innen zu übertragen, ist wenig sinnvoll, da das Erlernen einer Sprache, also die bewusste, überwiegend instruierte und gesteuerte Auseinandersetzung mit der Grammatik und dem Wortschatz einer anderen Sprache als der Muttersprache auf Basis von Übung, Wiederholung und Vertiefung, immer im Kontrast zur Erstsprache geschieht, dieser Prozess aber vor allem in der Grundschule besonders im Bereich der Schriftsprache gerade erst beginnt und es so statt eines vertieften Verständnisses der Grammatik und des Sprachsystems der Zweitsprache zu Verwirrungen und Verwechselungen mit der Erstsprache und zu einer Überforderung gerade von lese-recht-schreibschwache Kinder kommen kann.

Darüber hinaus folgt die Englischförderung ebenso wie Englischanfangsunterricht heutzutage eher einem kompetenzorientierten Prinzip statt eines Schwerpunkts auf der Grammatik, so dass vor allem im Anfangsunterricht eher das alltagsnahe, situative, kontextuale und interaktive Sprechen statt des Schreibens im Vordergrund steht, was durch eine Fokussierung auf die Grapheme beeinträchtigt werden könnte. Zu Beginn des Englischlernens steht vor allem in Anlehnung an den Erstspracherwerb das bloße Hören und (re)produzierende Nachahmen von englischen Wörtern mit Unterstützung von Bildmaterial, das dabei helfen soll, Wortbedeutungen zu verinnerlichen, wohingegen das Lesen von alphabetisierten englischen Begriffen oder gar Schreiben eher eine untergeordnete Rolle spielt. Zumeist wird erst mit Übergang in der Sekundarstufe damit begonnen, die Kinder mit kurzen geschriebenen Texten und Vokabeln zu konfrontieren, so dass die Beschäftigung mit der Graphem-Phonem-Korrespondenz gerade in dieser Phase z.B. auch mithilfe einer Anlauttabelle eine entscheidende Rolle dabei spielen sollte, Kindern beim Zweitspracherwerb des Englischen zu unterstützen. Dies ist z.B. auch beim Vokabellernen von zentraler Bedeutung, da dieses stets mit entsprechenden lautschriftlichen Bemerkung versehen sind, so dass die Kinder, sofern die Graphem-Phonem-Korrespondenz eingeübt wurde, zunehmend sicherer und selbstständiger neues Vokabular lernen, lesen und schreiben können. Ähnlich wie in englischsprachigen Vor- und Grundschulen können dabei Spiele zur Graphem-Phonem-Korrespondenz hilfreich sein.

Überträgt man allerdings das zuvor im englischsprachigen Raum übliche Verfahren des Trainings auf die Englischförderung für deutsche Englischlerner, so erscheint dies in Bezug auf die Rechtschreibung für beginnende Englischlerner insofern problematisch, dass sie anfangs nur über ein begrenztes Vokabular verfügen, so dass es nur schwer möglich ist, feste Graphem-Phonem-Regularien zu erarbeiten, so dass sich zunächst auf basale Korrespondenzen in Verbindung mit Kurzvokalen und einfachen Anfangs- und/ oder Endkonsonanten beschränkt werden sollte, da deren Schreibung und Aussprache meist eindeutig sind und schnelle Erfolgserlebnisse in Bezug auf die Rechtschreibung bieten können, um die Lernmotivation zu erhalten oder gar zu steigern. Da die Schreibung von Konsonantenclustern, Langvokalen und

Diphthongen oftmals schwieriger ist, sollte die Thematisierung selbiger in der Englischförderung eine große Rolle spielen, intensiv und vor allem multisensorisch geübt werden und bei häufiger Falschschreibung durch eine Lernkartei automatisiert werden. Zudem ist zu beachten, dass bei einer Englischförderung von Lernbeginnern mit einer LRS zunächst das phonologische Bewusstsein unabhängig von geschriebenen Worten oder gar Texten geschult werden sollte, indem durch geduldiges, langsames kompetenzorientiertes Training Laute in einzelnen Wörtern gehört, isoliert, identifiziert, transferiert, synthetisiert und manipuliert werden. Erst wenn diese Kernkompetenz umfassend trainiert wurde, sollte das Training auf Kompetenzbereiche Lesen und Schreiben erweitert werden.

Insgesamt ist beim Training der Graphem-Phonem-Korrespondenz aber sowohl im Englischunterricht als auch bei der Englischförderung darauf zu achten, Kontraste des Deutschen und Englischen zu thematisieren, die genaue Aussprache und Schreibung z.B. auch von Wörtern, die aufgrund der deutschen Auslautverhärtung Schwierigkeiten dabei hervorrufen, geräuschvolle englische Endkonsonanten orthographisch richtig zu schreiben, zu üben, vor allem aber darauf zu achten, dem Trainingsmaterial stets eine starke Kontrastbildung zugrunde zu legen, um Ähnlichkeitshemmungen z.B. bei Homophonen zu vermeiden.

zu Aufgabe 3 – Fallbeispiel Englischförderung
Vorgespräche und Diagnose

- Schwerpunkte: Kennenlernen und Vorgespräch mit Eltern und Kind zur Vorgeschichte in Bezug auf:
    - Details zu Schwierigkeiten im Bereich des Englischen und weiteren Bereichen potentiellen Förderbedarfs über das Englische hinaus
    - Details zum Englischunterricht (Inhalte, Schwerpunkte, behandelte Unterrichtsinhalte, Termine, verwendetes Schulbuch, etc.)
    - Details zur Lehrkraft (Verhältnis Lehrer-Schüler, Kontaktdaten etc.)
- Diagnostik mittels standardisierter Deutschtest (→geschilderte Schwierigkeiten bei der Textproduktion könnten auf eine LRS hinweisen), präzise Differenzierung von Schwierigkeiten im kommunikativen-sprachlichen, grammatischen und/oder Lese-Rechtschreibbereich
- zusätzlich Diagnose des Schriftbilds in Bezug auf Schriftbild und typische Fehlerarten für Englischlerner mit LRS
- Beratungsgespräch mit Eltern und Kind → Einschätzung und Absprachen zu Verlauf, realistischen, moderaten (Teil-)Zielen der Englischförderung, Einbezug der Eltern in

Trainingsmaßnahmen, Kommunikationswege zur Mitteilung von Fortschritten des Kindes etc.

Grundsätzliches zum Stundenverlauf der tatsächlichen kompetenzorientierten Förderstunden:

- Stundenablauf einer Therapiesitzung folgt den Prinzipien Transparenz und Struktur:
    - jede Sitzung beinhaltet ritualisierende Elemente (z.B. zu Beginn, am Ende)
    - jede Sitzung setzt sich aus verschiedenen Phasen zusammen, die eine Zeit von 12-15 Minuten nicht überschreiten, um die Aufmerksamkeitsspanne aufrecht zu erhalten
    - Diagnostizierte Schwierigkeiten bilden je nach Häufigkeit/Schwere ihres Auftretens oder Relevanz für die nächste Klassenarbeit Schwerpunkte in der schließenden Förderung
- Trainingsbereiche
    - englische Rechtschreibung:
        - Automatisierung häufig falschgeschriebener Wörter mittels Lernkartei
        - Verinnerlichung der korrekten Schreibung multisensorisch durch Diktate und Selbstkorrektur mit Lernkartei
        - Basale Regeln zur Graphem-Morphem-Korrespondenz
        - grundlegende Rechtschreibregeln des Englischen
    - Textproduktion
        - Wortschatzarbeit
        - Einübung fester Wendungen
        - Fehlerbewusstsein schulen mittels Lernkartei und ständige Erweiterung selbiger
    - Lesen (Lernheft 10, S. 24f.):
        - Leseflüssigkeit und Schnelligkeit trainieren durch:
            - (Halb-)lautes gemeinsames Vorlesen
            - Lautes Vorlesen alleine mit Feedback
            - „Gap Reading"
            - Wiederholendes Lesen
        - Leseverständnis fördern in Bezug auf Lesestrategien und Lesehäufigkeit (Einbezug der Eltern?)

→Synergieeffekte nutzen: Rechtschreibung ist ebenfalls für den Textproduktion relevant, Textproduktion kann für Kompetenzbereich Lesen genutzt werden

1. Trainingsstunde: Schwerpunkt Rechtschreibung

Zeit	Therapieinhalt und -methode
1-5	Kennenlernen (ohne Eltern), Smalltalk zur Auflockerung z.B. mit thematischem Bezug zur Textgrundlage der Stunde
6-18	Einführung eines neuen Trainingsinhaltes, z.B. Übung der Konsonantenverdoppelung (wird z.b. bei der Bildung des present progressive benötigt, das in Klasse 5 eingeführt wurde, Vorwissen abfragen, ggf. nochmals erklären, dass das present progressive benötigt wird, um auszudrücken, dass man etwas jetzt gerade im Moment tut) mittels Arbeitsblätter
19-28	Spiel zur Auflockerung, z.B. Pantomime zu den zuvor genutzten Verbformen, um Vokabular zu wiederholen und festigen
29-43	Vertiefung des Trainingsinhaltes, z.b. gemeinsames Lesen eines Textes in Kombination mit Gap Reading und Einsetzen der korrekten Konsonantenverdoppelung zum present progressive
44-54	Förderung des Leseverständnisses z.B. Reading Painter
55-60	kurzes Spiel zum Ende, Besprechung einer Hausaufgabe

2. Trainingsstunde: Schwerpunkt Rechtschreibung

Zeit	Therapieinhalt und -methode
1-5	Smalltalk, Wiederholung der Inhalte der letzten Stunde, Besprechung der Hausaufgabe
6-20	Einführung eines neuen Trainingsinhaltes, z.B. Erläuterung der Methode und gemeinsames Erstellen einer Lernkartei mithilfe häufig falsch geschriebener Wörter aus Basis der letzten Klassenarbeiten + entsprechende Markierung schwieriger Stellen im Wort
21-30	Spiel zur Auflockerung, z.B. Montagsmaler mit Vokabeln der zuvor erstellten Kartei abwechselnd an einer Tafel mit bunter Kreide

31-42	Vertiefung des Trainingsinhaltes + Leseförderung, z.B. Multisensorisches Kurzdiktat mit Wörtern der zuvor erstellten Kartei
43-54	Übung zur Förderung des Fehlerbewusstseins durch gemeinsame Korrektur des Kurzdiktats
55-60	kurzes Bewegungsspiel zum Ende, ggf. Besprechung einer Hausaufgabe

3. Trainingsstunde: Schwerpunkt Textproduktion

Zeit	Therapieinhalt und -methode
1-5	Smalltalk, Wiederholung der Inhalte der letzten Stunde, Erfahrungen mit der Lernkartei, ggf. Besprechung der Hausaufgabe
6-14	Einführung eines neuen Trainingsinhaltes, z.B. Mindmap zu Vokabular zum Thema „My favourite sport"
15-24	Spiel zur Auflockerung, z.B. Pantomime zu Sportarten erraten
25-40	Vertiefung des Trainingsinhaltes z.B. Kreative Textproduktion zum Thema „My favourite sport" mithilfe der zuvor erarbeiteten Mindmap
41-47	Übung zur Förderung des Fehlerbewusstseins durch gemeinsame Korrektur des Textes
48-54	Förderung des Kompetenzbereichs Rechtschreibung Ergänzen der Lernkartei um zuvor falschgeschriebene Wörter
55-60	kurzes Bewegungsspiel zum Ende, Besprechung einer Hausaufgabe

4. Trainingsstunde: Schwerpunkt Leseförderung

Zeit	Therapieinhalt und -methode
1-5	Smalltalk zur Auflockerung z.b. mit thematischem Bezug →Lieblingsbücher, Themen von Lieblingsbüchern etc.
6-11	Einführung des neuen Trainingsinhaltes Skimming & Scanning als Lesetechnik
12-18	Spiel zur Auflockerung Training des phonologischen Bewusstseins durch z.B. Lautidentifizierung→ hört Kind einen entsprechenden Laut, so wird zuvor eine entsprechende Bewegung für diesen Laut vereinbart
19-30	Vertiefung und Übung des neuen Trainingsinhaltes

	z.B. zuvor erarbeitete Lesetechnik wird an einem altersangemessenen Text zu den jeweiligen Interessen des Kindes geübt, Vorteile der Methode werden erläutert
31-38	Spiel zur Auflockerung Vokabelmemory
39-50	Übung zur Rechtschreibung und Textproduktion z.B. drei Vokabeln aus vorherigem Text aussuchen und Quatschgeschichte schreiben
51-55	Wiederholung des Stundeninhalts
56-60	Erläuterung der Hausaufgabe

zu Aufgabe 4 – Wahl der zweiten Fremdsprache

Die Entscheidung, welche Fremdsprache ein Kind in der Schule neben Englisch als erster Fremdsprache lernen soll, bereitet vielen Eltern Schwierigkeiten und sollte grundsätzlich erst nach reiflicher Überlegung und nach Rücksprache mit Lehrkräften und vor allem dem Kind selbst erfordern, da ja Motivation und Begeisterung für eine Sprache großen Einfluss auf schulische Leistungen haben. Gerade wenn ein Kind Schwierigkeiten im Bereich des Lesens und der Rechtschreibung hat, dafür aber gute Leistungen im mathematischen und naturwissenschaftlichen Bereich zeigt, legen Eltern oftmals das mathematisch-logische Sprachsystem des Lateinischen ihrer Entscheidung zugrunde. Die lateinische Sprache setzt sich ähnlich wie ein Baukasten aus Formen zusammen, die aus einem unveränderlichen Wortstamm und zu differenzierenden Deklinations- und Konjugationsformen bestehen, so dass der Umgang mit lateinischen Formen gewissermaßen dem Umgang mit mathematischen Gleichungen ähnelt, so dass Eltern dazu tendieren, aufgrund der mathematisch-naturwissenschaftlichen Begabung ihres Kindes Latein als zweite Fremdsprache zu wählen. Als Lerncoach sollte man Eltern bei dieser Entscheidung allerdings zu bedenken geben, dass gerade das zuvor beschriebene Baukastenprinzip des Lateinischen gerade auch für Kinder mit einer Lese-Rechtschreibschwäche Probleme birgt, da einzelne Buchstaben am Wortende ausschlaggebend für eine grammatisch korrekte Übersetzung eines Wortes sind und die Übersetzung von lateinischen Texten im Lateinunterricht zu den zentralen Unterrichtsinhalten gehört. Die Probleme, die sich aus der Differenzierung einzelner Wortendungen und damit auch aus der Dekodierung ergeben, können bei lese-rechtschreibschwachen Kindern zudem verhindern, dass sie das lateinische Sprachsystem vertieft verstehen, sie also das mathematisch-logische Prinzip nicht erkennen und sie ihre vorhandene dementsprechenden Begabung insofern nicht nutzen können, was zu gravierenden Mängeln in schriftlichen Lernüberprüfungen wie Tests und Klassenarbeiten führen kann. Aus diesem Grund schlägt der Autor des Lernhefts vor, gerade solchen Kindern eher eine Sprache als zweite Fremdsprache zu empfehlen, die vor allem auf der Kommunikation basiert, um eventuelle Mängel im schriftlichen Bereich auszugleichen. Zwar kann in diesen Zusammenhang, wie der Autor erläutert, auch ein potentieller Familienurlaub in dem Land, in dem die gewählte zweite Fremdsprache gesprochen wird, oder ein umfangreiches Schüleraustauschprogramm einen Anreiz dazu liefern, eine andere Fremdsprache als Latein zu wählen, doch da ich selbst Lateinlehrerin bin, dementsprechende Berufserfahrung habe und dieses Gespräch schon häufig mit Eltern geführt habe, kann ich den genannten Argumenten des Autoren nur teilweise zustimmen, zumal man in Italien und insbesondere in Rom auch noch heute vielen lateinischen Begriffen begegnet, auch wenn man Latein nicht mehr aktiv spricht. Die von ihm angeführte Menge an zu lernendem Vokabular, die gegen Latein als zweite Fremdsprache spreche, ist auch Teil des Lernplans aller anderen zu wählenden Sprache, da ja die Ausbildung des Wortschatzes Grundlage dafür ist, dass man sich verständigen kann, so dass ebenso wie im Lateinunterricht auch im Spanisch- oder Französischunterricht umfangreiche Vokabellisten gelernt werden müssen.

Grundsätzlich stimme ich der Problematik gerade für LRS-Kinder zu, dass das Lateinische durch Endungen grammatisch differenziert, problematisch empfinde ich in diesen Kapitel des Lernhefts allerdings die wenig differenzierte Betrachtung dieser für Eltern schwierigen Entscheidung, da nur Nachteile des Lateinischen, aber nur im Allgemeinen Vorzüge nicht näher benannten kommunikativer Sprache aufgezählt werden. Als Lerncoach, der mit dieser Elternfrage konfrontiert wird, fehlt dementsprechend Hintergrundwissen, wenn keine entsprechende Berufserfahrung vorhanden ist, um auf die Frage professionell antworten zu können.

Hervorzuheben ist zudem, dass im Lateinunterricht grundsätzlich Deutsch gesprochen wird, also die Sprachbarriere für solche Schüler/innen wegfällt, die gerade wegen einer LRS Hemmungen haben, sich am Unterricht zu beteiligen. Auch wird der Unterrichtsstoff wie z.B. neue Grammatik anders als z.B. im Französischunterricht auf Deutsch erklärt, so dass die Chance, Unterrichtsinhalte zu begreifen, im Lateinunterricht wesentlich größer ist und die Kinder sich eher trauen, bei Unklarheiten nachzufragen.

Die im Lernheft skizzierte Empfehlung für Latein aufgrund einer mathematisch-naturwissenschaftlichen Begabung stützt sich darüber hinaus nicht nur auf das zuvor beschrieben Baukastenprinzip des Lateinischen, vielmehr empfehlen wir Lateinlehrer bei einer solchen Begabung zur Wahl von Latein als zweite Fremdsprache, da im Umgang mit mathematischen Gleichungen etc. oder naturwissenschaftlichen Phänomen die Lösungen meist nicht gleich offensichtlich sind und man mit Beharrlichkeit, Knobbelei und intensiver Beschäftigung zum Ergebnis gelangt, was auch beim Übersetzen eines lateinischen Textes vonnöten ist. Es geht dabei also weniger um das Sprachprinzip per se, sondern vor allem um eine Charaktereigenschaft des Kindes.

Zuletzt empfinde ich es gerade nach der Lektüre des Lernhefts bedenklich, dass die sowohl vom Deutschen als auch vom Englischen als erster Fremdsprache erheblich divergierende Aussprache des Französischen oder Spanischen als potentielle Alternative zu Latein als zweiter Fremdsprache nicht thematisiert wird, denn da der Autor selbst erklärt, dass gerade die Graphem-Phonem-Korrespondenz im Englischen eine gravierende Schwierigkeit gerade für LRS-Betroffene darstellt, wird auch dies im Spanisch-, mehr aber noch im Französischunterricht zu erheblichen Schwierigkeiten führen, da dort die Korrespondenzen noch einmal anders sind und das Kind nach ein bis zwei Jahren Englischunterricht auf dem Gymnasium nochmals mit einer ganz anderen Graphem-Phonem-Korrespondenz konfrontiert wird, die zu erheblicher Überforderung führen kann. Liegen die Schwierigkeit eines betroffenen Kindes gerade in diesem Bereich, so wäre sogar eher Latein empfehlenswert, da man Latein ebenso liest und schreibt, wie es geschrieben ist, und man die Laute sehr gut voneinander differenzieren kann, zumal das lateinische Lesen im Unterricht eher eine periphere Rolle einnimmt.

Ich persönlich zeihe bei der Nachfrage mehrere der genannten Aspekte in Betracht, kann aufgrund meiner Berufserfahrung aber sagen, dass die Entscheidung sich immer individuell an dem Kind, seinen (historischen) Interessen und Charakterzügen orientieren sollte, da ein LRS betroffenes Kind, wenn es eher schüchtern und zurückhaltend am Unterricht teilnimmt, auch bei einer kommunikativen zweiten Fremdsprache schlechte schriftliche Leistungen nicht ausgleichen kann.

BEI GRIN MACHT SICH IHR WISSEN BEZAHLT

- Wir veröffentlichen Ihre Hausarbeit, Bachelor- und Masterarbeit

- Ihr eigenes eBook und Buch - weltweit in allen wichtigen Shops

- Verdienen Sie an jedem Verkauf

Jetzt bei www.GRIN.com hochladen und kostenlos publizieren